Bibliografische Information der Deutschen Nationalbibliothek:

Die Deutsche Bibliothek verzeichnet diese Publikation in der Deutschen National-
bibliografie; detaillierte bibliografische Daten sind im Internet über http://dnb.d-
nb.de/ abrufbar.

Impressum:

Copyright © 2009 GRIN Verlag, Open Publishing GmbH
Druck und Bindung: Books on Demand GmbH, Norderstedt Germany
ISBN: 9783640395507

Dieses Buch bei GRIN:

http://www.grin.com/de/e-book/133039/der-dijkstra-algorithmus-zur-berechnung-
kuerzester-wege-in-graphen

Alexander Esser

Der Dijkstra-Algorithmus zur Berechnung kürzester Wege in Graphen

Vorgehen bei der Implementierung des Algorithmus, mögliche Fehlerquellen, Datenstrukturänderungen, Beobachtungen zur Laufzeit

GRIN Verlag

GRIN - Your knowledge has value

Der GRIN Verlag publiziert seit 1998 wissenschaftliche Arbeiten von Studenten, Hochschullehrern und anderen Akademikern als eBook und gedrucktes Buch. Die Verlagswebsite www.grin.com ist die ideale Plattform zur Veröffentlichung von Hausarbeiten, Abschlussarbeiten, wissenschaftlichen Aufsätzen, Dissertationen und Fachbüchern.

Besuchen Sie uns im Internet:

http://www.grin.com/

http://www.facebook.com/grincom

http://www.twitter.com/grin_com

Programmierpraktikum
Universität zu Köln
Sommersemester 2009

– Ausarbeitung –

vorgelegt von
Alexander Esser

Inhaltsverzeichnis

1. Herangehensweise Aufgabe 1

1.1. Vom Blatt auf den Bildschirm

Datenstruktur zur Speicherung der Kantengewichte
Bevor wir begannen, den Dijkstra-Algorithmus zu implementieren, diskutierten wir zunächst, mithilfe welcher Datenstrukturen wir den Graphen und die Front verwalten wollen. Wir entschieden uns, die Kantengewichte in einer Adjazenzmatrix zu speichern, die wir durch ein zweidimensionales Array umsetzten.

Datenstruktur zur Verwaltung der Front
Die Front wollten wir mithilfe in einer verketteten Liste verwalten. Große Probleme bereitete uns jedoch die Implementierung dieser Liste. Generics waren uns anfangs noch nicht bekannt; wir konnten die Liste daher nicht durch Vektoren oder eine *ArrayList* implementieren. Hätte man beispielsweise mit dem Befehl

$$V.get(0).knotennummer$$

auf die Knotennummer des ersten Knotens, der im Vektor V gespeichert ist, zugreifen wollen, so hätte dies ohne Generics zu einer Fehlermeldung geführt, da nicht sichergestellt ist, dass das Element $V.get(0)$ ein Knoten ist. Wir führten daraufhin lange Diskussionen, welche andere Datenstruktur wir zur Verwaltung der Front benutzen könnten oder wie wir die verkettete Liste anders implementieren könnten. Letztendlich schrieben wir eine eigene Klasse *Liste*, in der die verkettete Liste mit einem *head-*, *naechster-* und *tail-*Zeiger verwaltet wurde[1]. Als uns Generics später bekannt waren, wandelten wir die Klasse *Liste* ab und verwendeten fortan eine *ArrayList*.

Implementierung des Dijkstra-Algorithmus
Nachdem wir die Schwierigkeiten, die uns die verkettete Liste bereitet hatte, überwunden hatten, begannen wir den Dijkstra-Algorithmus zu implementieren. Wir orientieren uns dabei an der Form des Algorithmus, die im Skript unter Gliederungspunkt 1.4 abgedruckt ist, da dieser Pseudocode schon beinahe richtigem Java-Code entspricht, wodurch unsere Arbeit erleichtert wurde.

Zeilenweise arbeiteten wir den Dijkstra-Algorithmus ab: Wir schauten, welche Methoden in einer jeden Zeile benötigt wurden, und setzten diese Methoden in den Klassen *Liste* und *Knoten* um. Beim Programmieren teilten wir uns die Arbeit nicht in dem Sinne auf, dass jeder bestimmte Programmteile implementierte, sondern schrieben alle Methoden gemeinsam.

Dabei versuchten wir den unseren Algorithmus von Beginn an offen für andere Datenstrukturen zu gestalten. So griffen wir in der Klasse *Dijkstra* zum Beispiel nie direkt auf die Adjazenzmatrix zu, sondern stets nur auf die Methode $c(i,j)$, die das Kantengewicht zwischen den Knoten i und j zurückgibt. Hätte man später statt einer Adjazenzmatrix eine andere Datenstruktur verwenden wollen, so hätte man einzig die Methode $c(i,j)$ ändern müssen.

---

[1] siehe „Verwaltung der Liste mit einem *head-*, *naechster-* und *tail-*Zeiger" (4.4)

1.2. Struktur des Programms

Um unser Programm übersichtlicher zu gestalten, unterteilten wir es in mehrere Klassen[2]:

1.2.1. Die Klasse *Ausgabe*

Die Klasse *Ausgabe* hat den Zweck, die kürzeste Entfernung zwischen dem Start- und dem Zielknoten, die zuvor im Dijkstra-Algorithmus berechnet wurde, in eine Textdatei zu schreiben. Dazu wird die zur Klasse gehörige Methode *ausgeben()* mit einem *String*-Parameter aufgerufen. Dieser *String*-Parameter enthält die Länge des kürzesten Weges und wird von einem *FileWriter* in eine Datei *output.txt* geschrieben.

1.2.2. Die Klasse *Dijkstra*

Die Klasse *Dijkstra* ist die wichtigste Klasse innerhalb unseres Programms. Sie dient der Berechnung der kürzesten Entfernung zwischen Start- und Zielknoten.

In *Dijkstra* werden zunächst die Knoten sowie eine Liste zur Verwaltung der Front initialisiert, anschließend wird der Dijkstra-Algorithmus ausgeführt: Bei jeder Iteration wird das Element *u* in der Front gesucht, dessen Distanz zum Startknoten minimal ist. Es werden alle Kanten *(u, v)* betrachtet, die von diesem Knoten ausgehen. Sollte man den Zielknoten kostengünstiger erreichen, indem man eine dieser Kanten verfolgt, so wird der neue Knoten *v* in die Front aufgenommen, die Distanz und der Vorgänger von *v* werden geändert, *u* wird aus der Front gelöscht. Diese Schleife wird solange durchlaufen, bis die Front keine Knoten mehr enthält. Dann entspricht die Distanz des Zielknotens der Länge des kürzesten Weges oder es wurde kein Weg zum Zielknoten gefunden.

Neben der Länge des kürzesten Weges wird in *Dijkstra* auch die Laufzeit des Programms berechnet, indem zu Beginn und nach dem Ausführen des Algorithmus die Systemzeit gemessen wird. Auch der Aufruf des Programms erfolgte in Aufgabe 1 noch in der *main()*-Methode der Klasse *Dijkstra*.

1.2.3. Die Klasse *Graph*

In der Klasse *Graph* werden zunächst die Knotenzahl, die Kantenzahl, die Startknoten- und die Zielknotennummer aus der Datei „input.txt" eingelesen und in *int*-Variablen gespeichert. Anschließend werden die Gewichte der Kanten eingelesen und in einem zweidimensionalen *int*-Array, in dessen Feldern zuvor überall der Wert *-1* stand, gespeichert. Bei all diesen Operationen müssen zahlreiche Exceptions beachtet werden, die auftreten könnten. Mehr dazu unter im Kapitel „Exception Handling" (2.4).

Außerdem besitzt die Klasse *Graph* eine Methode *c(i,j)*, die das Gewicht der Kante *(i, j)* aus der Adjazenzmatrix abruft und zurückgibt, sowie eine

---

[2] siehe auch die Grafik „Beziehungen zwischen den Klassen" (4.1)

Methode *KanteExistiert(i,j)*, die prüft, ob das Gewicht der Kante *(i, j)* ungleich *-1* ist.

1.2.4. Die Klasse *Knoten*

Mithilfe des Konstruktors *Knoten()* können neue Knoten erzeugt werden. Jeder Knoten ist durch eine Integer-Variable *knotennummer* definiert, die vom Konstruktor gesetzt wird. Außerdem besitzt in der Front jeder Knoten – außer dem Startknoten – einen Vorgängerknoten. Zuletzt weist jeder Knoten noch einen Wert *dist* auf, in dem die aktuelle Entfernung des Knotens zum Startknoten gespeichert ist.[3]

1.2.5. Die Klasse *Liste*

Die Klasse *Liste* besitzt die Methoden *add()*, *remove()*, *empty()*, *min()* und *type()* zum Hinzufügen bzw. Löschen eines Knotens, zum Testen, ob die Front leer ist, zur Bestimmung des Minimums und zum Abrufen des Datenstruktur-Typs.

Abgesehen von *min()* sind diese Methoden recht simpel aufgebaut: Die Methoden *add()*, *remove()* und *empty()* arbeiten mit einer *ArrayList* und machen sich die vorgefertigten Funktionen *add()*, *remove()* und *isEmpty()* der *ArrayList* zu Nutze. Die Methode *type()* gibt die *String*-Variable „Liste" zurück.

Die Bestimmung des Minimums erfolgt in zwei Schritten: Zunächst wird die Distanz des ersten Listenelementes zwischengespeichert. Dabei müssen – um Exceptions zu vermeiden – die Fälle abgefangen werden, in denen die Liste vollständig leer ist und in denen das erste Listenelement nicht gleich im ersten Feld der Liste zu finden ist.

Anschließend wird die Liste vollständig durchlaufen. Bei jedem enthaltenen Knoten wird getestet, ob seine Distanz geringer ist als die zwischengespeicherte Distanz. In diesem Fall wird die zwischengespeicherte Distanz mit der Distanz des aktuellen Knotens überschrieben. So erhält man abschließend das Minimum.

1.3. Fehler und Beobachtungen

Probleme bei der Bestimmung des Minimums

Große Probleme bereitete uns die Bestimmung des Minimums, als wir in der Klasse *Liste* noch mit *head-*, *naechster-* und *tail-*Zeigern arbeiteten[4]. Die Methode *min()* war durch zahlreiche Aufrufe wie z.B.

laufzeiger.naechster.naechster.dist

recht unübersichtlich geworden. Zur unserer Verwunderung funktionierte *min()* bei manchen Input-Dateien einwandfrei, während bei anderen Input-Dateien im letzten Durchlauf des Dijkstra-Algorithmus das Minimum nicht korrekt bestimmt wurde. Nach langem Rätseln erkannten wir, dass die korrekte Bestimmung des Minimums scheinbar davon abhing, wie viele Knoten im

---

[3] Die derzeitige Entfernung eines Knotens zum Startknoten sei im Folgenden als „Distanz" dieses Knotens bezeichnet.

[4] siehe „Verwaltung der Liste mit einem *head-*, *naechster-* und *tail-*Zeiger" (4.4)

vorletzten Durchlauf des Dijkstra-Algorithmus noch in der Front enthalten waren. Den Fehler in *min()* konnten wir jedoch noch immer nicht finden, woraufhin wir die Klasse Liste mit einer *ArrayList* statt mit Zeigern implementierten.

Probleme bei großen Input-Dateien

Wir hatten unser Programm bis zu diesem Zeitpunkt stets nur mit Input-Dateien getestet, die wenige Kanten enthielten. Vor ein unerwartetes Problem stellten uns die Input-Dateien „input.txt.200" und „input.txt.1000"[5]: In unserer ersten Version der Klasse *Graph* wurde beim Einlesen zunächst ein *String*-Array mit *m* Feldern erzeugt; jede Kante wurde in einem eigenen Feld gespeichert, bevor wir dieses Array weiterverwendeten. Die Dateien „input.txt.200" und „input.txt.1000" enthielten jedoch rund 20.000 bzw. beinahe 100.000 Kanten. Beim Versuch, ein *String*-Array dieser Größe zu erzeugen, erhielten wir eine *OutOfMemory*-Fehlermeldung. Wir konnten die eingelesenen Daten daher nicht zuerst in einem Array zwischenspeichern, sondern mussten sie noch im selben Schleifendurchlauf weiterverarbeiten.

Die *if*-Abfrage im Dijkstra-Algorithmus

Ungewöhnlich große Probleme bereitete uns anfänglich auch die *if*-Abfrage innerhalb des Dijkstra-Algorithmus. Wir hatten in der *if*-Schleife vergessen, einige Bedingungen abzufragen – im Grunde genommen ein leicht zu behebender Fehler, über dem wir jedoch tagelang grübelten. Nachdem wir alle möglichen Fälle, die in der *if*-Abfrage auftreten konnten, an Beispielen getestet hatten – die Java-Datei enthielt zu diesem Zeitpunkt mehr Kommentare als Code[6] – fanden wir schließlich unseren Fehler.

1.4. Testdaten

Wir testeten unser Programm zunächst mit einer eigenen Input-Datei[7], bevor wir die bereitgestellten Dateien verwendeten. Als wir uns später dem Exception Handling widmeten, kam unsere eigene Input-Datei erneut zum Einsatz: Wir wandelten die Datei auf verschiedene Weisen leicht ab[8], um durch falsche Input-Werte absichtlich Fehlermeldungen zu erzeugen und diese beim Einlesen abzufangen.

2. Herangehensweise Aufgabe 2

2.1. Anpassung des ersten Programms / neue Struktur

Im Zuge von Aufgabe 2 schrieben wir zwei neue Klassen und ein Interface; einige bestehende Klassen mussten wir abändern:

---

[5] siehe Kapitel „Bereitgestellte Input-Dateien" (4.3.1)
[6] siehe den Code-Abschnitt „Probleme bei der *if*-Abfrage" (4 4)
[7] siehe Kapitel „
Eigene Input-Dateien": input.txt (4.3.2)
[8] siehe Kapitel „
Eigene Input-Dateien" (4.3.2)

2.1.1. **Änderungen an der Klasse** *Ausgabe*

Die Klasse *Ausgabe* besaß bisher nur eine Methode *ausgeben()*, die einen *String*-Parameter erwartet hat, um ihn anschließend in die Datei *output.txt* zu schreiben. Um die Länge des kürzesten Weges und die Laufzeit in zwei verschiedene Dateien *output_Buckets.txt* und *output_Liste.txt* auszugeben, mussten wir *Ausgabe* um eine Methode *ausgebenTyp()* erweitern. Diese Methode erwartet drei *String*-Variablen *type, dist* und *laufzeit*. Die Entfernung zwischen Start- und Zielknoten sowie die Laufzeit werden daraufhin in eine Textdatei mit dem Namen *"output_" + type + ".txt"* geschrieben.

2.1.2. **Die Klasse** *Buckets*

Die Klasse *Buckets* legten wir an, um in Aufgabe 2 die Knotenfront mithilfe von Buckets zu verwalten – statt wie bisher mithilfe einer verketteten Liste. Wichtigstes Objekt der Klasse ist eine doppelt verschachtelte *ArrayList*: Eine der beiden *ArrayLists* repräsentiert dabei die Buckets, in denen die Knoten gespeichert werden. In jedem dieser Buckets ist eine weitere – möglicherweise leere – *ArrayList* enthalten, um mehrere Knoten in einem Bucket speichern zu können.

Im Wesentlichen besitzt die Klasse *Buckets* dieselbe Struktur, wie die Klasse *Liste*, da beide Klassen vom Interface *Front* abgeleitet sind: Die Methoden *add()*, *remove()*, und *empty()* machen sich die vorgefertigten Funktionen der *ArrayList* zu Nutze, *type()* gibt den *String*-Wert „Buckets" zurück.

Im Unterschied zur Klasse *Liste* mussten wir in *Buckets* jedoch vermehrt mit *try-catch*-Schleifen arbeiten – beispielsweise, falls ein Knoten in einem Bucket abgelegt werden soll, in dem noch gar keine *ArrayList* existiert.

Ein weiterer wichtiger Unterschied zwischen den Klassen *Liste* und *Buckets* ist die Funktionsweise der Methode *min()*: Der Methode *min()* in der Klasse *Buckets* wird ein *int*-Parameter i_0 übergeben – i_0 ist die Nummer des Eimers, in dem das letzte Minimum gefunden wurde. Das aktuelle Minimum befindet sich dann im Eimer $(i_0)mod(C+1)$ bzw. im nächsten nachfolgenden, nicht-leeren Eimer.

2.1.3. **Änderungen an der Klasse** *Dijkstra*

In Folge der Datenstrukturänderung mussten wir auch die Klasse *Dijkstra* geringfügig anpassen: Der Konstruktor erwartet nun einen Parameter vom Typ *Front*, d.h. entweder eine Liste oder Buckets. Dadurch kann der Dijkstra-Algorithmus mit beiden Datenstrukturen ausgeführt werden.

2.1.4. **Das Interface** *Front*

Das Interface *Front* legt fest, dass die Klassen *Liste* und *Buckets*, die zur Verwaltung der Knotenfront dienen, die Methoden *add()*, *remove()*, *min()*, *empty()* und *type()* besitzen müssen.

Dadurch dass alle von *Front* abgeleiteten Klassen dieselbe Grundstruktur besitzen, kann man das Programm leicht mit unterschiedlichen

Datenstrukturen ausführen. Wären die Methoden in den Datenstrukturklassen unterschiedlich benannt, so müsste man den Dijkstra-Algorithmus bei jeder Datenstrukturänderung an zahlreichen Stellen modifizieren. Durch die Verwendung des Interfaces kann der Dijkstra-Algorithmus jedoch nun einfach mit einem Parameter vom Typ *Front* aufgerufen werden. Dies kann sowohl eine Liste als auch eine Buckets-Datenstruktur sein.

Die abstrakte Methode *min()* im Interface *Front* erwartet einen *int*-Parameter i_0, da die Methode in der abgeleiteten Klasse *Buckets* mit einem solchen Parameter aufgerufen werden muss. In der Klasse *Liste* hingegen benötigt man zur Berechnung des Minimums keinen solchen Parameter. Jedoch wollten wir auch *Liste* von *Front* ableiten, deshalb wird auch die Methode *min()* in der Klasse *Liste* mit einem *int*-Parameter aufgerufen.

2.1.5. Änderungen an der Klasse *Graph*

Die Methode *C()* zur Berechnung der maximalen Kantengewichts, die in Aufgabe 2 notwendig wurde, ordneten wir der Klasse *Graph* zu, da dort auch die übrigen Informationen über die Kanten gespeichert sind. Diese Methode ruft nacheinander die Gewichte der einzelnen Kanten ab und speichert das aktuell größte Gewicht in einer *int*-Variablen. Nachdem alle Kanten durchlaufen wurden, gibt *C()* diese *int*-Variable mit dem maximalen Kantengewicht zurück.

2.1.6. Die Klasse *Main*

Die Funktionen von *Main* hätte man nicht zwingendermaßen in eine eigene Klasse schreiben müssen, dies trägt jedoch zur Übersichtlichkeit des Programms bei. In Aufgabe 1 riefen wir den Dijkstra-Algorithmus noch innerhalb der *main()*-Methode der Klasse *Dijkstra* auf. Letztendlich entschieden wir uns jedoch, zu diesem Zweck eine eigene Klasse *Main* zu schreiben.

2.2. Laufzeiten

Verwaltet man die Knotenfront mithilfe von Buckets statt mit einer verketteten Liste[9], so verbessert sich – aus theoretischer Sicht – die durchschnittliche Laufzeit von $\mathcal{O}(n^2+m)$ zu $\mathcal{O}(n \cdot |C|+m)$. In der Praxis konnten wir jedoch im Allgemeinen keine Verbesserung feststellen.

In der Theorie ist die Verbesserung der Laufzeit darauf zurückzuführen, dass das Minimum bei der Verwendung von Buckets schneller gefunden werden kann, da nicht die gesamte Liste, sondern nur ein einzelner Eimer durchlaufen werden muss. Allerdings liefert die Bucket-Variante bei Input-Dateien, bei denen die Knoten schlecht auf die Eimer verteilt sind, keine wesentlich bessere Laufzeit als die Liste-Variante.

In unserem Programm wurden durch den Einsatz von Buckets außerdem weitere Abfragen notwendig; beispielsweise mussten wir bei jedem Bucket,

---

[9] Der Einfachheit halber sei im Folgenden von der „Bucket-Variante" und der „Liste-Variante" die Rede

das aufgerufen wurde, zunächst in einer *try-catch*-Schleife überprüfen, ob das Bucket existiert. Teilweise machten diese Abfragen den Vorteil, der aus der schnelleren Bestimmung des Minimums entstand, wieder vollkommen zunichte oder führten sogar dazu, dass die Bucket-Variante eine schlechtere Laufzeit aufwies als die Liste-Variante.

2.3. Fehler und Beobachtungen

Als wir die Bucket-Variante zum ersten Mal testeten, stellten wir fest, dass das aktuelle Minimum nicht immer korrekt gelöscht wurde, wodurch unter Umständen eine Endlosschleife auftrat. Scheinbar war das Minimum in einem anderen als dem vorhergesehenen Eimer enthalten. Wir überprüften daraufhin in der *remove()*-Methode nicht nur den Eimer, in dem das Minimum gespeichert sein sollte, sondern auch alle anderen Eimer. Somit war sichergestellt, dass das Minimum auf jeden Fall gelöscht wurde; unser Algorithmus lief daraufhin einwandfrei.

Erst kurz bevor wir das Programm abgaben, entdeckten wir beim Kommentieren zufällig den Grund, weshalb das Minimum in einem falschen Eimer enthalten war: Die im Skript beschriebene *verringere()*-Funktion hatten wir mithilfe zweier Methoden *remove()* und *add()* umgesetzt. Innerhalb der *if*-Schleife des Dijkstra-Algorithmus änderten wir zunächst die Entfernung des Minimums zum Startknoten, löschten es daraufhin aus der Front, um sicherzugehen, dass es nicht doppelt vorkam und fügten es abschließend wieder zur Front hinzu. Wie wir später feststellten, musste das Löschen jedoch erfolgen, bevor wir die Distanz änderten. Andernfalls würde wegen der veränderten Distanz versucht werden, das Minimum aus einem Eimer zu löschen, in dem es gar nicht enthalten war.[10]

Als wir diesen Fehler entdeckt hatten, konnten wir die Methode *remove()* wieder so abändern, dass nur das Bucket überprüft wurde, in dem ein Knoten tatsächlich gespeichert sein sollte. Dadurch verbesserte sich die Laufzeit erheblich.

Beobachtungen zur Laufzeit
Im theoretischen Ansatz der Bucket-Variante wird lediglich vorgegeben, in welchem Eimer das Minimum zu suchen ist, nicht jedoch, welchen Knoten aus diesem Bucket als Minimum gewählt werden soll. Wir wählten stets den ersten Knoten des entsprechenden Eimers als Minimum. Als wir probeweise einmal den letzten Knoten als Minimum wählten, hatte dies – zu meinem Erstaunen – bei fast allen Input-Dateien eine deutlich längere Laufzeit zur Folge, teilweise sogar um das Zehnfache erhöht.

Überrascht war ich auch darüber, wie sehr Bildschirmausgaben die Laufzeit beeinträchtigten. Nachdem sich unsere Bucket-Variante – aufgerufen mit der ersten Input-Datei – als funktionsfähig erwiesen hatte, testeten wir sie auch mit den übrigen Input-Dateien. Dabei ließen wir zunächst noch zahlreiche Meldungen auf dem Bildschirm ausgeben, um mögliche Fehler schnell ausfindig machen zu können. Dies führte dazu, dass die Berechnung des

---

[10] siehe den Code-Abschnitt „Falsche Umsetzung der *verringere()*-Funktion" (4.4)

kürzesten Weges bei der Input-Datei „input.txt.200" mehr als 15 Minuten dauerte, bei der Datei „input.txt.1000" mehr als zehn Minuten. Ohne die zahlreichen Bildschirmausgaben lagen die Laufzeiten bei beiden Input-Dateien im Sekunden-Bereich.

2.4. Exception Handling

Mögliche Fehleingaben in der Input-Datei

Unser besonderes Augenmerk beim Exception Handling lag auf dem Einlese-Prozess in der Klasse *Graph*. Während der Programmablauf in den übrigen Klassen exakt vorhersehbar ist, stellt das Einlesen eine große potentielle Fehlerquelle dar, da nicht absehbar ist, welche Eingaben der User tätigt. Um einen möglichen Programmabsturz zu vermeiden, versuchten wir, Fehleingaben gleich in der Klasse *Graph* abzufangen:

Sollte die Input-Datei nicht gefunden werden oder ein Lesefehler auftreten, so wird die entstehende *FileNotFoundException* bzw. *IOException* abgefangen. Außerdem ist es möglich, dass in den Zeilen für die Knotenzahl, Kantenzahl, Startknotennummer oder Zielknotennummer keine natürliche Zahl, sondern ein unzulässiges Zeichen steht. In diesem Fall wird nicht die entstehende *NumberFormatException* ausgegeben, sondern ein Hinweis, in welcher Zeile der Input-Datei der Fehler zu suchen ist. Gleiches gilt für den Umstand, dass eine der Zeilen, in denen die Kantengewichte stehen, nicht das korrekte Format *Zahl:Zahl:Zahl* besitzt. Zuletzt kann noch das Problem auftreten, dass die angegebene Start- oder Zielknotennummer größer als die Gesamtknotenzahl oder negativ ist.

Alle diese Fehleingaben haben – nachdem eine entsprechende Warnmeldung ausgegeben wurde – den Abbruch des Programms zur Folge. Darüber hinaus können jedoch noch zwei Fälle auftreten, in denen das Programm trotz Fehleingabe problemlos weiterlaufen kann und in denen daher nur eine Warnmeldung ausgegeben werden soll:

Stimmt die angegebene Kantenzahl m nicht mit der tatsächlichen Kantenzahl t überein, so werden nur $min\{m,t\}$ Kanten eingelesen. Haben alle Kanten die Länge 0 – dieses Problem wird bei der Berechnung der maximalen Kantenlänge erkannt –, so macht die Berechnung des kürzesten Weges wenig Sinn und es wird ebenfalls eine Warnmeldung ausgegeben.

Gefahr von *NullPointerExceptions* bei der Verwendung von Buckets

In der Klasse *Buckets* mussten wir, wie bereits unter Gliederungspunkt 2.1.2 angemerkt, mit zahlreichen *try-catch*-Schleifen arbeiten. Die *NullPointerExceptions*, die in unserer Klasse *Buckets* anfänglich auftraten, waren jedoch nicht auf eine Fehleingabe des Users zurückzuführen, weshalb auch keine Fehlermeldung ausgegeben werden sollte; sie entstanden, weil versucht wurde, auf ein Bucket zuzugreifen, in dem noch keine *ArrayList* existiert. All diese Exceptions konnten jedoch entweder einfach übergangen werden oder sofort im *catch*-Block behoben werden: Trat beispielsweise in der Methode *add()* eine *NullPointerException* auf, weil ein Knoten in einem noch nicht existenten Bucket abgelegt werden sollte, so wurde dieses Bucket in der *catch*-Schleife initialisiert, bevor der Knoten dort abgelegt wurde. Lieferte z.B.

die Methode *min()* eine *NullPointerException*, so konnte dieser Fehler übergangen werden, da in einem Bucket, in dem noch keine *ArrayList* existiert, auch kein Minimum enthalten sein kann.

Weitere kritische Stellen
Probleme konnten außerdem an den Schnittstellen zwischen einzelnen Klassen auftreten. Solche Probleme lösten wir nicht durch das Abfangen von Exceptions, sondern durch *if-else*-Schleifen: Es könnte beispielsweise passieren, dass die Methode *remove()* mit einem Knoten *K* aufgerufen wird, der in der Liste bzw. den Buckets jedoch gar nicht vorhanden ist. Um eine Fehlermeldung zu vermeiden, wird zunächst mit einer *if*-Abfrage überprüft, ob der Knoten *K*, der gelöscht werden soll, auch vorhanden ist.

Den letzten kritischen Punkt stellte die Ausgabe in die Datei dar; auch hier fingen wir die möglicherweise entstehende *IOException* ab.

3. Fazit

Durch das Programmierpraktikum lernte ich neue Klassen und Funktionen von Java kennen. Das Objekt *ArrayList*, das wir auf Empfehlung unserer Übungsleiter hin benutzten, war mir zuvor noch nicht bekannt. Auch von Generics, die sich später als ungemein nützlich herausstellten und die Implementierung der Liste und der Buckets stark vereinfachten, hatte ich vor Beginn des Programmierpraktikums noch nicht gehört.

Zugleich wurden mir gerade durch die Verwendung von Generics auch die Grenzen von Java bewusst bzw. ich erkannte, wie wichtig neue Java-Funktionen teilweise zum effizienten Arbeiten sind. Ohne generische Elemente hätte man beispielsweise nicht von Beginn an festlegen können, dass eine Liste nur Elemente vom Typ *Knoten* besitzt. Der Zugriff auf einzelne Elemente der Liste wäre dadurch sehr kompliziert geworden, da man jedes einzelne Listenelement, mit dem man weiterarbeiten wollte, erst durch einen Typecast explizit in einen Knoten hätte umwandeln müssen. Die Einführung von Generics ab Java-Version 1.5 hat zwar die Funktionen der Programmiersprache nicht erweitert, jedoch das Arbeiten mit Java deutlich vereinfacht.

Es war auch eine neue Erfahrung für mich, ein Programm vollständig in einer Gruppe zu schreiben. Dies bedeutete zum Beispiel, dass man den Quelltext von Beginn an ausführlich kommentieren musste, damit andere Gruppenmitglieder den Code – wenn sie daran weiterarbeiteten – schnell verstehen konnten.

Einen Eindruck, wie es Programmierern in der Praxis wohl ergeht, wenn sie von einem Kunden eine Terminvorgabe erhalten, konnte ich dadurch gewinnen, dass uns eine starre Frist gegeben worden war, bis zu der das Programm vollständig funktionsfähig sein musste.

4. Anhang

4.1. Beziehungen zwischen den Klassen

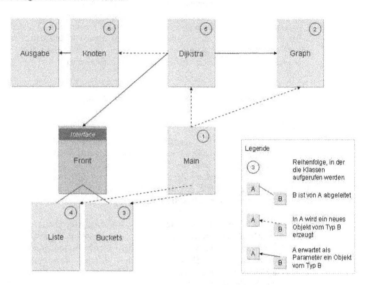

4.2. Laufzeit

Datenstruktur		
Input-Datei	Liste	Buckets
input.txt	1330895 ns	456483 ns
input1.txt	1338159 ns	458997 ns
input2.txt	16 ms	1572546 ns
input3.txt	1308826 ns	1570870 ns
input.txt.100	16 ms	32 ms
input.txt.200	94 ms	3203 ms
input.txt.1000	8375 ms	18593 ms

Laufzeiten bei verschiedenen Input-Dateien

4.3. Input-Dateien

4.3.1. Bereitgestellte Input-Dateien

```
4
5
1
4
1:2:1
1:3:3
2:3:1
2:4:8
3:4:2
```

input.txt.1

```
10
13
1
10
1:2:2
1:3:3
2:5:1
3:4:2
3:6:6
4:7:1
5:9:1
6:8:2
6:9:4
7:8:10
9:10:12
10:6:3
10:8:1
```

input.txt.2

```
10
15
1
10
1:2:2
1:3:3
2:5:1
2:9:3
3:4:2
3:6:6
3:7:5
4:7:1
...
```

input.txt.3

```
100
5932
1
100
1:2:558
1:3:378
1:4:405
1:6:68
1:7:902
1:8:960
1:12:569
1:15:165
...
```

input.txt.100

```
200
20004
1
200
1:5:685611
1:6:995690
1:7:231953
1:10:219146
1:12:906090
1:13:92584
1:16:956102
1:17:890087
...
```

input.txt.200

```
1000
99268
1
1000
1:5:538
1:26:131
1:29:426
1:31:851
1:69:159
1:72:452
1:78:803
1:94:262
...
```

input.txt.1000

4.3.2. **Eigene Input-Dateien**

```
4
4
1
4
1:2:2
1:3:5
2:3:1
3:4:1
```

input.txt

Diese Input-Datei verwendeten wir als Vorlage für weitere Input-Dateien, anhand derer wir das Verhalten des Programms bei Fehleingaben testeten.

```
k
4
1
4
1:2:2
1:3:5
2:3:1
3:4:1
```

input_fornat.txt

Der Wert *k* in der ersten Zeile dieser Input-Datei ist ungültig, da unser Programm in der ersten Zeile eine natürliche Zahl erwartet.

```
3
4
1
4
1:2:2
1:3:5
2:3:1
3:4:1
```

input_knotenzahl.txt

Diese Input-Datei führt zu einem Programmabbruch, da nur eine Adjazenzmatrix der Größe *3x3* erzeugt wird und die Kante 3:4:1 daher nicht eingelesen werden kann.

```
4
3
1
4
1:2:2
1:3:5
2:3:1
3:4:1
```

input_kantenzahl1.txt

Bei dieser Input-Datei werden nur die ersten drei Kanten eingelesen. Das Programm gibt eine Warnung aus.

```
4
5
1
4
1:2:2
1:3:5
2:3:1
3:4:1
```

input_kantenzahl2.txt

Bei dieser Input-Datei werden nur die vier tatsächlich existenten Kanten eingelesen. Das Programm gibt eine Warnung aus.

```
4
4
5
4
1:2:2
1:3:5
2:3:1
3:4:1
```

input_gesamtknotenzahl.txt

Diese Input-Datei führt zu einem Programmabbruch, da die Startknotenzahl die Gesamtknotenzahl übersteigt.

```
4
4
1
1:2:0
1:3:0
2:3:0
3:4:0
```

input_null.txt

Alle Kanten haben das Gewicht *0*. Die Berechnung des kürzesten Weges ist daher nicht sinnvoll. Das Programm gibt eine Warnung aus.

4.4. Abschnitte aus dem Quellcode

```
public class Liste {
      Knoten head;
      Knoten tail;
      Knoten laufzeiger;

      Liste(){
            head = new Knoten();
            tail = new Knoten();
            head.naechster = tail;
      }

      public void add(Knoten K){
            ...
      }

      public void remove(Knoten K){
            ...
      }

      public boolean NichtLeer(){
            ...
      }

      public Knoten min(){
            Knoten min = new Knoten();
            laufzeiger = head.naechster;
            while(laufzeiger.dist==-1){
                  laufzeiger=laufzeiger.naechster;
            }
            min = laufzeiger;
            laufzeiger = head.naechster;
            while(laufzeiger.naechster != tail){
                  if(laufzeiger.dist <min.dist &&
laufzeiger.dist !=-1){
                        min = laufzeiger;
                  }
                  laufzeiger= laufzeiger.naechster;
            }
            return min;
      }
}
```

Liste.java: Verwaltung der Liste mit einem *head-*, *naechster-* und *tail-*Zeiger

```
if((u.dist+E.c(u.knotennummer,i)<buf[i-1].dist ||
buf[i-1].dist==-1) && u.dist!=-1 &&
E.c(u.knotennummer,i)!= -1){
    //(10): Verringere die Distanz, falls möglich
    buf[i-1].dist =u.dist+E.c(u.knotennummer,i);
    buf[i-1].vor=u;              //Setze Vorgänger
    //Lösche Knoten falls in U enthalten
    U.remove(buf[i-1]);
    //(11): Füge Knoten in U ein
    U.add(buf[i-1]);
}
```

Dijkstra.java: Falsche Umsetzung der *verringere()*-Funktion

```
/*Es können folgende Fälle auftreten
 *
 * FALL 1: z.B. 3<5
 * In diesem Fall soll die if-Schleife durchlaufen werden.
 * Die erste if-Schleife wird durchlaufen, die zweite nicht.
 *
 * FALL 2: z.B. unendlich<5
 * In diesem Fall soll die Schleife nicht durchlaufen werden.
 * Keine der beiden if-Schleifen wird durchlaufen
 *
 * FALL 3: z.B. 3<unendlich
 * In diesem Fall soll die Schleife durchlaufen werden.
 * Die zweite if-Schleife wird durchlaufen.
 *
 * FALL 4: unendlich < unendlich
 * In diesem Fall soll die Schleife nicht durchlaufen werden.
 * Keine der beiden Schleifen wird durchlaufen.
 *
 * FALL 5: 8<5
 * In diesem Fall soll die Schleife nicht durchlaufen werden.
 * Keine der beiden Schleifen wird durchlaufen.
 */

if(u.dist+c(u.knotennummer,i)<buf[i-1].dist && u.dist!=-1 &&
c(u.knotennummer,i)!= -1){
    buf[i-1].dist =u.dist+c(u.knotennummer,i);
    buf[i-1].vor=u;
    U.remove(buf[i-1]);
    U.add(buf[i-1]);
}

if(u.dist!=-1 && c(u.knotennummer,i)!=-1 && buf[i-1].dist==-
1){
    buf[i-1].dist =u.dist+c(u.knotennummer,i);
    buf[i-1].vor=u;
    U.remove(buf[i-1]);
    U.add(buf[i-1]);
}
```

Dijkstra.java: Probleme bei der *if*-Abfrage